Gestalten mit Gips

Angelika Massenkeil

Gestalten mit Gips

Die Deutsche Bibliothek – CIP-Einheitsaufnahme
Gestalten mit Gips / Angelika Massenkeil – Wiesbaden, Englisch, 1998
ISBN 3-8241-0846-1
© by Englisch Verlag GmbH, Wiesbaden 1998

ISBN 3-8241-0846-1

Fotos Frank Schuppelius
Printed in Spain

Inhaltsverzeichnis

Vorwort

Gips gehört nicht zu den Materialien, aus denen große Künstler im Laufe der Zeit große Kunstwerke geschaffen haben, aber große Kunstwerke in der Bildhauerei und der Keramik wären wahrscheinlich ohne Gips nicht zu realisieren gewesen. Für bildende Künstler ist Gips jedenfalls ein unentbehrliches Hilfsmittel.

z.B. Ton, der gebrannt werden muss, und lässt sich gut weiterbearbeiten, z.B. schleifen und bemalen.

Auch der Hobbykünstler kann aus Gips ohne großen Aufwand an Werkzeug und Material schöne Dekorationen schaffen.

Selbst in der Medizin ist Gips unentbehrlich, denken Sie nur an die Gipsverbände!

Schon seit einigen Jahren ist eine Gipsbinde auf dem Markt, die sich wunderbar für Gipsmasken und Skulpturen eignet. Wenn man einmal damit gearbeitet hat, stellt man schnell fest, wie einfach es ist, ein Relief oder eine Figur zu formen. Das feincremige Material fordert nahezu zu weiterem kreativem Gestalten heraus!

Die keramische Industrie, insbesondere die Porzellanmanufakturen, können bei der Herstellung von Porzellan auf Gießformen aus Gips nicht verzichten.

Gips lässt sich in bereits vorhandene Formen gießen, aus Gips können von Modellen Formen abgenommen werden und man kann mit Gips modellieren.

Gips trocknet schnell, wird schnell hart, bedarf keiner weiteren Behandlung, wie

Dieser mit vielen Schritt-für-Schritt-Fotos versehene Band macht Sie mit den verschiedenen Anwendungsmöglichkeiten für den Hobbybereich vertraut, wobei dem Modellieren mit Gipsbinden ein großes Kapitel gewidmet ist.

Was ist eigentlich Gips?

Gips ist ein natürliches Mineral, das hauptsächlich im Tagebau gewonnen wird. Dieses Mineral wird gebrannt – wodurch das Wasser entzogen wird – und fein gemahlen. In dieser pulverisierten Form können Sie Gips schon in kleinen Mengen im Hobbyfachhandel – oder, in größeren Mengen, in Baumärkten kaufen. Es ist ein äußerst preiswertes Material.

Es gibt verschiedene Gipsarten, die sich hinsichtlich ihrer Verarbeitungszeit und Härte unterscheiden. Bei den hier vorgestellten Arbeiten wurde nur Modellgips verarbeitet – er wird schnell hart und bildet eine feine Oberflächenstruktur. Der Vollständigkeit halber sei noch zu erwähnen, dass es auch noch Stuck-, Putz- und Estrichgips gibt.

Werkzeuge, Hilfsmittel und Material

Die Werkzeuge, die man unbedingt braucht, hat wohl jeder zu Hause in seinem Werkzeugkoffer und was fehlt, können Sie problemlos im Hobbyfachhandel erwerben. Die Abbildung auf dieser Seite zeigt das notwendige Werkzeug:

a) Gipsbecher aus Kunststoff zum An-rühren kleinerer Mengen

b) Schalen aus Kunststoff zum Anrühren größerer Mengen und zum Eintauchen der Gipsbinden

c) eine Sprühflasche mit Wasser

d) Borstenpinsel

e) Schere zum Schneiden der Gipsbinden

f) Teigschaber zum Reinigen der Schüs-seln

g) alte Küchenmesser zum Schaben und Auftragen

h) Modellierwerkzeug aus Kunststoff

und die notwendigen Hilfsmittel:

i) Alufolie

j) Draht für die Stützgestelle

k) Zahnstocher und Schaschlikstäbchen

l) wasserbeständige Farbe und Pinsel

m) Klebeband

n) leere Plastikflaschen, kleine leere Kar-tons und „Verpackungsmüll", z.B. Joghurtbecher als Träger für Figuren

o) feines Schleifpapier

p) Motivkuchenformen und Eiswürfel-formen

und das Material:

q) Modellgips

r) Gipsbinden

Material, das nur selten gebraucht wird, ist in der Arbeitsanleitung des entspre-chenden Werkstückes aufgeführt.

Einige wichtige Tipps vorab

Vorbereiten des Arbeitsplatzes

Das Arbeiten mit Gips verursacht Kleckse, Spritzer und auch schon mal Gipspfützen auf dem Tisch. Deshalb sollten Sie Ihre Arbeitsunterlage immer gut schützen, z.B. mit einer Wachstuchdecke. Falls Sie Gips in eine Form gießen, sollten Sie zusätzlich einige Lagen Zeitungspapier auf die Arbeitsfläche legen. Auch ist es ratsam, den Fußboden um den Arbeitstisch herum abzudecken. Ideal ist es, wenn man in einer Werkstatt oder Garage arbeiten kann. Hart gewordene Gipsreste können Sie mit einem Teigschaber oder einer Spachtel von der Arbeitsfläche entfernen. Gipsflecken auf der Kleidung sollten Sie hart werden lassen und anschließend vorsichtig abheben.

Die Verarbeitung des Gipspulvers

Gips ist ein Pulver, das mit Wasser angerührt wird und nach 10 bis 20 Minuten eine feste Form annimmt. Das richtige Aufbereiten der Gipsmasse ist in erster Linie vom Mischungsverhältnis Wasser zu Gipspulver abhängig und auch eine Erfahrungssache.
Jede Verpackung enthält einen Verarbeitungshinweis, den Sie vorher unbedingt lesen sollten.
In der Regel nimmt man 1½ bis 2 Teile Gips auf 1 Teil kaltes Wasser. Geben Sie immer zuerst das abgemessene Wasser in ein sauberes Kunststoffgefäß, streuen Sie dann das abgemessene Gipspulver mit der Hand über die ganze Wasseroberfläche und lassen Sie es ungefähr eine Minute ruhen. Das Gipspulver sinkt langsam im Wasser ab - jetzt erst verrühren Sie es mit der Hand und verreiben dabei

die kleinen Klümpchen, sodass ein feiner Brei entsteht. Nun klopft man mit der Hand vorsichtig an die Gefäßwand - dadurch steigen die „eingerührten" Luftblasen an die Oberfläche, die Sie nun einfach ausdrücken.
Die Konsistenz der angemachten Gipsmasse sollte in etwa der von Joghurt entsprechen.
Nun müssen Sie zügig mit der Verarbeitung beginnen, da der Gipsbrei schon nach ca. 15 Minuten fest wird und sich nicht mehr verarbeiten lässt. Zu beobachten ist, dass der Gips beim Abbinden, d.h. beim Festwerden, zunächst deutlich warm wird, danach wieder abkühlt.

Reinigen der Gefäße und Werkzeuge

Um ein Verstopfen des Abflusses zu verhindern, sollten Sie Gefäße und Werkzeuge nie unter fließendem Wasser reinigen, sondern in einer Wanne oder einem anderen Behälter mit Wasser. Verwenden Sie dazu eine Bürste oder einen Schwamm. Das Spülwasser können Sie dann in die Toilette schütten.

Was tun, wenn man viel zuviel Gips angemacht hat?
Eine Möglichkeit, überschüssigen Gipsbrei zu entsorgen ist, ihn in der Schüssel hart werden lassen und dann mit einem Gummihammer aus dem Gefäß zu klopfen. Die zweite Möglichkeit ist, ihn vorsichtig auf Zeitungspapier zu schütten und ihn dort hart werden zu lassen. Über den Hausmüll können die Gipsreste entsorgt werden. Feste Gipsreste in einem weichen Kunststoffbehälter können durch Drücken der Außenwand gelöst werden.

Ausgießen einer Form mit Gips

Herkömmliche Backformen aus Blech eignen sich sehr gut zum Ausgießen mit Gips. Da das Gießen Spritzer und Kleckereien verursachen kann, lohnt es sich, mehrere Formen auf einmal auszugießen.

Hühner und Osterhase

Material

❖ Modellgips
❖ Wasser und Backform
❖ Schüssel zum Anrühren – nehmen Sie hier am besten einen alten Messbecher mit Ausgießer
❖ Bastelfarbe in verschiedenen Farben

Arbeitsanleitung

Decken Sie Ihren Arbeitstisch zusätzlich mit Zeitungspapier gut ab. Vergewissern Sie sich, dass die Form sauber ist und bauen Sie sie mit Hilfe der mitgelieferten Klammern zusammen. Kleben Sie außerdem noch mehrere Klebestreifen fest um die Form; denn wenn der Gipsbrei eingefüllt wird, entsteht ein hoher Druck auf die Nahtstellen der Form.
Wenn Sie die Vorbereitungen getroffen haben, machen Sie

den Gipsbrei an. Messen Sie Wasser und Gipspulver sorgfältig ab – für das hier abgebildete Huhn benötigen Sie ca. 1½ große Tassen Wasser und knapp 2½ Tassen Gipspulver. Wie in Kapitel „Die Verarbeitung des Gipspulvers" auf Seite 10 beschrieben, geben Sie zuerst das Wasser in den Kunststoffbehälter und streuen dann das Gipspulver mit der Hand auf die Wasseroberfläche. Nach ca. einer Minute verrühren Sie die Mischung mit der Hand und reiben dabei die vorhandenen Klümpchen fein. Die Masse entspricht nun ungefähr der Konsistenz von Joghurt. Klopfen Sie behutsam an der Wand des Bechers, um Luftblasen nach oben zu bringen, und verreiben Sie diese mit der Hand. Schütten Sie nun die Backform vorsichtig, langsam und gleichmäßig bis zum Rand voll. Trotz aller Vorkehrungen kann es passieren, dass an den Nahtstellen der Form Gipsbrei ausdringt. Lassen

Sie sich davon nicht aus der Ruhe bringen. Das hört gleich wieder auf! Gießen Sie in diesem Falle vorsichtig Gipsbrei nach. Anschließend muss der Gips hart werden.

Nach ca. 3 Stunden lösen Sie die Klammern von der Form und nehmen das Gipshuhn heraus.

Bevor Sie es bemalen können, muss es noch ca. 2 bis 3 Tage bei Zimmertemperatur trocknen.

Das trockene Gipshuhn wurde mit einem mittleren Borstenpinsel ganz mit roter Dispersionsfarbe bemalt, anschließend wurden die weißen Kreise aus weißer Dispersionsfarbe mit einem Haarpinsel Nr. 5 aufgemalt. Als Farbvariation bietet sich auch ein Farbmuster in Blau/Grün an. Nach dem völligen Durchtrocknen können Sie Dekorationsstücken dieser Art mit einem transparenten Lackspray zusätzlichen Glanz verleihen.

Als Beispiel hierfür sehen Sie unseren Osterhasen, den wir nach der Bemalung mit Lackspray auf „Hochglanz" gebracht haben.

Dekorative Meeresfrüchte

Material

❖ Modellgips
❖ Wasser und Kunststoffform für Eiswürfel
❖ Schüssel zum Anrühren – einen alten Messbecher mit Ausgießer
❖ Bastelfarbe in Weiß und 2 Blautönen

Arbeitsanleitung

Decken Sie Ihren Arbeitstisch zusätzlich mit Zeitungspapier gut ab und vergewissern Sie sich, dass die Form sauber ist. Spülen Sie sie mit kaltem Wasser aus, ohne sie abzutrocknen.

Wenn Sie die Vorbereitungen getroffen haben, machen Sie die Gipsmasse an. Messen Sie Wasser und Gipspulver sorgfältig ab – für die hier abgebildeten Muscheln benötigen Sie ca. ½ große Tasse Wasser und knapp 1 Tasse Gipspulver. Wie auf S. 10 beschrieben, geben Sie zuerst das Wasser in den Kunststoffbecher und streuen dann das Gipspulver mit der Hand auf die Wasseroberfläche. Nach ca. einer Minute verrühren Sie die Mischung mit der Hand und reiben dabei die vorhandenen Klümpchen fein. Die Masse entspricht nun ungefähr der Konsistenz von Joghurt. Klopfen Sie behutsam an der Wand des Bechers, um Luftblasen nach oben zu bringen und verreiben Sie diese mit der Hand.

Schütten Sie nun die einzelnen Vertiefungen der Eiswürfelform vorsichtig, langsam und gleichmäßig randvoll.

Jetzt muss der Gips hart werden.

Nach ca. 1 Stunde nehmen Sie die Gipsmuscheln aus der Form, indem Sie ein entsprechend großes Brettchen auf die Form legen, Brettchen und Form zusammen umdrehen und die Form leicht aufklopfen.

Bevor Sie die Meeresfrüchte mit Dispersions- oder Bastelfarbe bemalen können, müssen sie noch ca. einen Tag bei Zimmertemperatur trocknen.

Tischdeckenhalter

Material

- ❖ Modellgips
- ❖ Wasser und Kunststoffform für Eis-
  würfel
- ❖ Schüssel zum Anrühren – nehmen
  Sie hier am besten einen alten Mess-
  becher mit Ausgießer
- ❖ Drahtstücke von 7 cm Länge
- ❖ Klammern (hier wurden Gardinen-
  klammern verwandt)
- ❖ Bastelfarbe in Rot, Grün, Blau und Braun

Verfahren Sie wie in dem Kapitel „Dekorative Meeresfrüchte" beschrieben. Biegen Sie die Drahtstücke zu einer Schlaufe
und stecken Sie diese nach dem Ausgießen in die einzelnen Formen hinein.
Sobald der Gips hart ist, können Sie ihn
problemlos aus der Form
nehmen. An die
eingegipsten
Drahtschlaufen
bringen Sie nun
die Aufhänge-
klammern an.

Sind die Früchte
gut durchgetrock-
net, können sie mit
Bastelfarbe bemalt
werden.

Falls Sie die Tisch-
deckenklammern
draußen verwen-
den möchten,
sollten Sie sie
transparent
lackieren.

Arbeitsanleitung

Auch hier benötigen Sie
eine Form, das kann -
wie in unserem Beispiel -
eine Eiswürfelform mit
Fruchtmotiven sein oder
auch die bereits vorgestell-
te Meeresfrüchteform.
Gießen Sie die Form aus wie
unter „Dekorative Meeres-
früchte" beschrieben und legen Sie sofort nach dem Ausgießen eine Drahtschlaufe hinein.

Modellieren mit Gipsbinden

Gipsbinden können Sie in unterschiedlichen Längen und Breiten kaufen. Bei diesen Beispielen wurden 5 und 8 cm breite Gipsbinden verarbeitet.

Die nachfolgend vorgestellten Figuren haben alle einen Kern aus leeren Joghurtbechern, Plastikflaschen, kleinen Kartons oder Alufolie. Dieser „Verpackungsmüll" dient zum einen als Stütze, zum anderen gibt er schon wesentlich die Form der zu gestaltenden Figur vor. Und nicht zuletzt spart so ein Kern erheblich Material. Mit der Zeit bekommt man schon beim wöchentlichen Großeinkauf einen Blick dafür, welche Verpackung sich als Kern für diese oder jene Figur eignet.
Will man einen Kern frei modellieren, so zerknüllt man ein Stück Alufolie und

formt ihn daraus; Zeitungspapier ist dafür nicht geeignet, da es zusammenfällt oder auch die Form verändert, wenn man es mit nassen Gipsbinden belegt. Auch wenn Sie einen Pappkarton als Formgrundlage verwenden, sollten Sie ihn mit Alufolie umwickeln, damit er keine Feuchtigkeit aufsaugen kann.

Je nach Größe der gewünschten Figur schneiden Sie die Gipsbinde mit einer normalen Haushaltsschere in Stücke. Für die Kuh von Seite 22 schneiden Sie ca. 20 Stücke von 12 cm Länge, 15 Stücke von 8 cm Länge, 10 Stücke von 5 cm Länge und auch einige Stückchen von nur 2 cm Länge zu. Die Anzahl und die Länge der Stücke hängt ganz von der Form und Größe Ihres Werkstückes ab. Wichtig ist, dass Sie immer eine genügende Anzahl von Streifen im voraus abschneiden; denn es ist lästig, wenn Sie später mit nassen und gipsverschmierten Händen die fehlenden Stücke von der Gipsbinde abschneiden müssen. Wenn Sie Abschnitte übrig haben, so können Sie diese ja bei Ihrem nächsten Projekt verwenden. Bewahren Sie die Abschnitte in einem trockenen Kästchen oder in einer kleinen Schüssel auf.

Die Gipsbindenstücke werden in Wasser getaucht und in mehreren Lagen über den Kern aufgetragen. Ein Stück nasses Gipsgewebe wird in ca. 5 Minuten hart und behält dann seine Form. Bis das Gipsgewebe auf dem Werkstück trocknet,

dauert es allerdings einige Stunden bis Tage (je nach Größe). Solange können Sie neues Gewebe auftragen. Ist ein Werkstück durch und durch trocken, können nur dann weitere Lagen Gipsbinden aufgetragen werden, wenn das Werkstück wieder angefeuchtet wird, z.B. mit der Sprühflasche.

Die Oberfläche des Werkstückes sollte so glatt wie möglich sein, deshalb reibt man die Gipsmasse sorgfältig in das Gewebe ein. Ein nachträgliches Schleifen der Oberfläche mit Schleifpapier ist nicht möglich, da dadurch das Textilgewebe beschädigt wird.

Bei vielen Formen, insbesondere bei den Masken, reicht es nicht immer aus, die Gipsmasse der Gipsbinden zu verstreichen. Um eine wirklich glatte Oberfläche zu erzielen, muss hier eine ca. 3-5 mm dicke Schleiflage aus Modellgips angebracht werden. Dazu trägt man den angemachten Gips am besten mit der Hand auf das noch feuchte Werkstück auf und modelliert dabei bereits die Form nach. Nach dem vollständigen Trocknen kann die Oberfläche dann noch mit Schleifpapier glatt geschliffen werden. Da Gips abfärbt, muss er immer gestrichen werden – das gilt auch für Teile, die weiß bleiben sollen. Verwenden Sie eine wasserbeständige Bastelfarbe, z.B. Plakafarbe.

Am Beispiel des Elefanten wird nun jeder Arbeitsschritt ausführlich erklärt.

Elefant

Der Elefant hat eine einfache Grundform aus Pappkarton und auch der Aufbau des Kopfes aus Alufolie mit Ohren aus aufgesetztem Draht ist einfach herzustellen. Pfiffig dazu ist der Schwanz aus einem Wollfaden oder einer Lederschnur. Auch die anschließende Bemalung mit Bastelfarbe ist kinderleicht.

Material

❖ 1 Pappkarton, ca. 12 x 10 x 4 cm
❖ Alufolie
❖ Klebeband
❖ biegsamer stabiler Draht
❖ 12 cm langer schwarzer Wollfaden
❖ Bastelfarbe in Weiß und Blau
❖ Gipsbinden
❖ flache Schüssel mit Wasser
❖ Schere

Arbeitsanleitung

Schneiden Sie aus dem Pappkarton eine Rundung für die Beine heraus. Umwickeln Sie den Pappkarton mit Alufolie und kleben Sie diese mit einem Klebeband fest.
Zerknüllen Sie ein Stück Alufolie und formen Sie daraus Kopf und Rüssel des Elefanten, erscheint Ihnen der Kopf zu klein, so nehmen Sie noch ein Stück Folie dazu.
Kleben Sie den Kopf nun mit Klebeband am Körper fest und formen Sie aus doppeltem Draht die Ohren und die Stoßzähne. Stecken Sie die Drahtohren in den Alufolienkopf und in den Körper. Die Stoßzähne schieben Sie unter den Kopf. Der Kern für den Elefanten ist fertig!
Schneiden Sie nun einen Vorrat an Gipsbindenstücken. Von einer 5 cm breiten Gipsbinde benötigen Sie wenigstens: 5 Stücke von 12 cm Länge, 10 Stücke von 8 cm Länge, 10 Stücke von 5 cm Länge

und auch einige Stückchen von nur 2 cm Länge. Legen Sie diesen Vorrat so auf den Arbeitstisch, dass beim Modellieren keine Wassertropfen darauf fallen können. Eine Schale mit Wasser stellen Sie nun ebenfalls bereit.

Tauchen Sie nun ein 12 cm langes Stück Gipsbinde kurz in das Wasser und legen Sie es auf den Elefantenkörper. Fahren Sie so fort bis der Körper rund herum mit einer Schicht Gipsbinde bedeckt ist. Tauchen Sie nun ein 8 cm langes Stück Gipsbinde ins Wasser und legen Sie es quer über den Kopf aus Alufolie, dass auch der Körper mit einbezogen wird.

Drücken Sie das Gewebe mit den Fingern in die Rille zwischen Kopf und Körper und halten Sie es so etwas fest bis es angetrocknet ist. Legen Sie ein Stück Gipsbinde ebenfalls längs über den Kopf. Beim Eingipsen des Kopfes ist es wichtig, dass dieser gut mit dem Körper verbunden wird. Legen Sie kurze Gipsbindenstücke um die Drahtohren und die Stoßzähne.

Tragen Sie in dieser Weise nun noch 3 Schichten Gipsbindenmaterial auf. Damit eine glatte Oberfläche entsteht, nehmen Sie für den Körper längere Stücke. Legen Sie diese möglichst glatt auf. Streichen Sie den feinen Gipsbrei sorgfältig in das Gewebe ein.

Anmerkung:

Ganz glatt ist die Oberfläche natürlich nicht, das Gipsgewebe schimmert immer durch. Falls Sie dieses als störend empfinden, können Sie auf das noch feuchte Gipsgewebe Gipsbrei auftragen, entweder mit dem Borstenpinsel oder den Händen. Streichen Sie die 2-4 mm dicke Gipsschicht mit den Händen glatt.

Wenn der Elefant trocken ist – das dauert zwischen 1 und 2 Tage – können Sie ihn mit Bastelfarbe anmalen.

Kuh

Die Kuh hat eine einfache Grundform aus einem Pappkarton und auch der Aufbau des Körpers mit Beinen aus aufgesetztem Draht und einem Kopf aus zerknüllter Alufolie ist leicht herzustellen. Pfiffig dazu ist der Schwanz aus einem Wollfaden oder einer Lederschnur. Die anschließende Bemalung mit schwarzer Bastelfarbe ist kinderleicht.

Material
❖ 1 Pappkarton ca. 12 x 10 x 4 cm
❖ Alufolie
❖ Klebeband
❖ biegsamer stabiler Draht
❖ 12 cm langer schwarzer Wollfaden
❖ Bastelfarbe in Schwarz
❖ Gipsbinden
❖ flache Schüssel mit Wasser
❖ Schere

Arbeitsanleitung
Umwickeln Sie den Pappkarton mit Alufolie und kleben Sie diese mit einem Klebeband fest.
Zerknüllen Sie ein Stück Alufolie und formen Sie daraus den Kopf der Kuh. Erscheint Ihnen der Kopf zu klein, so nehmen Sie noch ein Stück Folie dazu.
Kleben Sie den Kopf nun mit Klebeband am Körper fest und formen Sie aus doppeltem Draht die Beine mit kleinem Fuß und die Ohren.
Kleben Sie die Drahtbeine auf den Körper und stecken Sie die Drahtohren in den Alufolienkopf.
Der Kern für die Kuh ist damit fertig. Schneiden Sie nun einen Vorrat an Gipsbindenstücken. Von einer 5 cm breiten Gipsbinde benötigen Sie wenigstens: 20 Stücke von 12 cm Länge, 15 Stücke von 8 cm Länge, 10 Stücke von 5 cm Länge und auch einige Stückchen von nur 2 cm

Länge. Legen Sie diesen Vorrat so auf den Arbeitstisch, dass beim Modellieren keine Wassertropfen darauf fallen können. Eine Schale mit Wasser stellen Sie nun ebenfalls bereit.
Tauchen Sie ein 12 cm langes Stück Gipsbinde kurz in das Wasser und legen Sie es auf den Kuhkörper. Fahren Sie so fort, bis der Körper rundherum einschließlich den Beinansätzen mit einer Schicht Gipsbinde bedeckt ist.

Tauchen Sie nun ein 8 cm langes Stück Gipsbinde ins Wasser und legen Sie es quer über den Kopf aus Alufolie, sodass auch der Körper mit einbezogen wird. Drücken Sie das Gewebe mit den Fingern in die Rille zwischen Kopf und Körper und halten Sie es in dieser Position so lange fest, bis es angetrocknet ist. Legen Sie ein Stück Gipsbinde ebenfalls längsseits über den Kopf. Beim Fingipsen des Kopfes ist es wichtig, dass dieser gut mit dem Körper verbunden wird. Legen Sie kurze Gipsbindenstücke um die Drahtohren. Legen Sie nasse kleine Stückchen Gipsbinde als Hufe um die Füße und größere Stücke um den Draht der Beine bis auf den Körper.

Tragen Sie in dieser Weise nun noch 3 Schichten Gipsbindenmaterial auf. Damit eine glatte Oberfläche entsteht, nehmen Sie für den Körper längere Stücke und legen diese möglichst glatt auf. Streichen Sie den feinen Gipsbrei sorgfältig in das Gewebe ein.

Wenn die Kuh durch und durch trocken ist - das dauert zwischen 1 und 2 Tage - können Sie die Kuhflecken mit einem Haarpinsel und schwarzer Bastelfarbe aufmalen.

Katze

Auch die Katze mit ihrem Kern aus einem breiten Joghurtbecher und zerknüllter Alufolie ist leicht herzustellen.

Material

* ❖ breiter Joghurtbecher
* ❖ Alufolie
* ❖ Klebeband
* ❖ Bastelfarbe in Rot und Schwarz
* ❖ Gipsbinden
* ❖ flache Schüssel mit Wasser
* ❖ Schere

Arbeitsanleitung

Zerknüllen Sie ein Stück Alufolie und formen Sie daraus den Kopf der Katze, erscheint Ihnen der Kopf im Verhältnis zum Körper zu klein, so nehmen Sie noch ein Stück Folie dazu. Für die Augen können Sie mit dem Zeigefinger zwei Vertiefungen in die Folie drücken, die Nase drücken Sie dabei leicht nach oben heraus. Auch die Ohren formen Sie nun aus Alufolie. Für den mit dem Boden nach oben zeigenden Becher formen Sie ebenfalls ein Stück Folie als Rücken und kleben diesen fest.

Kleben Sie den Kopf nun mit Klebeband am Joghurtbecher, der als Körper dient,

fest. Die Ohren kleben Sie am Kopf in der richtigen Position fest. Der Kern für die Katze ist fertig.

Schneiden Sie nun einen Vorrat an Gipsbindenstücke zu. Von einer 5 cm breiten Gipsbinde benötigen Sie wenigstens: 12 Stücke von 12 cm Länge, 15 Stücke von 8 cm Länge, 20 Stücke von 5 cm Länge und auch einige Stückchen von nur 2 cm Länge. Legen Sie diesen Vorrat so auf den Arbeitstisch, dass beim Modellieren keine Wassertropfen darauf fallen können. Eine Schale mit Wasser stellen Sie ebenfalls bereit.

Tauchen Sie nun ein 12 cm langes Stück Gipsbinde kurz in das Wasser und legen Sie es auf das Gesicht und den Körper. Verstreichen Sie den Kopfansatz gut und arbeiten Sie eine sichtbare Rille zwischen Kopf und Körper. Halten Sie das Gipsgewebe ca. eine Minute fest, bis es leicht angetrocknet ist. Fahren Sie in dieser Weise so lange fort, bis Kopf und Körper rundherum mit einer Schicht Gipsbinde bedeckt sind.

Tauchen Sie nun ein 8 cm langes Stück Gipsbinde ins Wasser und legen Sie es quer über die Ohren aus Alufolie, sodass auch der Kopf mit einbezogen wird. Legen Sie ein Stück Gipsbinde ebenfalls längsseits über die Ohren. Beim Eingipsen der Ohren ist es wichtig, dass diese gut mit dem Kopf verbunden werden. Bedecken Sie den Kern mit insgesamt 3 Lagen Gipsbinden und achten Sie darauf, dass Sie die Gipsmasse der Gipsbinden besonders im Kopf- und Ohrenbereich schön glatt verstreichen.

Wenn die Katze gut durchgetrocknet ist (ca. 2 Tage), können Sie sie mit Bastelfarbe anmalen.

Ente

Aus alten und ausrangierten Plastikspiel-
zeugen, z.B. Badewannenenten und
Sandspielzeuge, können Sie mit Gipsbinden im Handumdrehen kleine Kunstwerke schaffen. Natürlich lassen sich auch
unansehnlich gewordene Plüschtiere mit
Gipsbinden wieder aufarbeiten!

Material
❖ 1 Plastikente
❖ Gipsbinden, 5 cm breit
❖ Bastelfarbe in verschiedenen
  Farbtönen
❖ flache Schüssel mit Wasser

Arbeitsanleitung
Schneiden Sie die Gipsbinden in unter-
schiedlichen Längen zu und bedecken
Sie die Ente mit 2 Lagen Gipsbinden.

Nach dem Trocknen malen Sie die Ente
lustig an.

Zebra

Material

- ❖ 1 Pappkern einer Toilettenpapierrolle
- ❖ Alufolie
- ❖ Draht
- ❖ Gipsbinden, 5 cm breit
- ❖ Klebeband
- ❖ flache Schüssel mit Wasser
- ❖ Bastelfarbe in Weiß, Schwarz und Braun

Arbeitsanleitung

Schneiden Sie genügend Gipsbinden-stücke in den Längen von 2-8 cm zu. Formen Sie Kopf und Hals des Zebras aus einem Stück Alufolie und kleben Sie diesen auf die Papprolle.

Nehmen Sie den Draht doppelt und bie-gen Sie daraus 4 Beine, ca. 12 cm lang, sowie den Schwanz. Befestigen Sie die Drahtstücke mit Klebeband an der Papp-rolle. Modellieren Sie die Gipsbinden auf.

Streichen Sie das Zebra zuerst komplett weiß, die schwarzen Streifen werden nach dem Trocknen aufgemalt.

Schildkröte

Material

❖ 1 leere Plastikflasche (Duschlotion)
❖ Draht
❖ Alufolie
❖ Klebeband
❖ flache Schüssel mit Wasser
❖ Gipsbinden
❖ Bastelfarbe in Grün und Braun

Arbeitsanleitung

Auch die Schildkröte hat einen Kern aus einer leeren Verpackung. Für die Körperform bot sich eine leere Plastikflasche Duschlotion an. Die Beine wurden aus Draht geformt. Der Kopf ist ebenfalls aus Draht gebogen und mit Alufolie ausgefüttert. Alle Teile werden mit Klebeband an den Körper geklebt.

Die Arbeitsanleitung der Schildkröte entspricht im übrigen der Vorgehensweise bei den vorangegangenen Tierformen. Schneiden Sie nun einen Vorrat an Gipsbindenstücken zu. Von einer 5 cm breiten Gipsbinde benötigen Sie wenigstens: 12 Stücke von

12 cm Länge, 15 Stücke von 8 cm Länge, 20 Stücke von 5 cm Länge und auch einige Stückchen von nur 2 cm Länge. Legen Sie diesen Vorrat so auf den Arbeitstisch, dass beim Modellieren keine Wassertropfen darauf fallen können. Eine Schale mit Wasser stellen Sie ebenfalls bereit.

Tauchen Sie nun ein 12 cm langes Stück Gipsbinde kurz in das Wasser und legen Sie es auf das Gesicht und den Körper. Verstreichen Sie den Kopfansatz gut und arbeiten Sie eine sichtbare Rille zwischen Kopf und Körper. Halten Sie das Gipsgewebe ca. eine Minute fest, bis es leicht

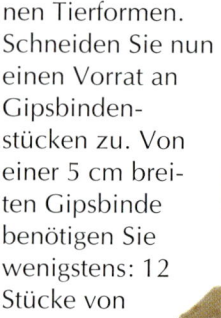

angetrocknet ist. Fahren Sie fort, bis Kopf und Körper rundherum mit einer Schicht Gipsbinde bedeckt sind.

Tauchen Sie nun ein 8 cm langes Stück Gipsbinde ins Wasser und legen Sie es quer über die Ohren aus Alufolie, sodass auch der Kopf mit einbezogen wird. Bedecken Sie den Kern mit insgesamt 3

Lagen Gipsbinden und achten Sie darauf, dass Sie die Gipsmasse der Gipsbinden besonders im Kopfbereich schön glatt verstreichen.

Wenn die Schildkröte gut durchgetrocknet ist (ca. 2 Tage), können Sie sie mit Bastelfarbe anmalen.

Marienkäfer

Material

❖ Draht
❖ Klebeband
❖ Alufolie
❖ Gipsbinden
❖ flache Schüssel mit Wasser
❖ 2 Glasperlen
❖ Bastelfarbe in Rot, Weiß und
  Schwarz

Arbeitsanleitung

Unser Marienkäfer besteht im Kern lediglich aus zwei Alufolienkugeln, die mit einem Stück Draht miteinander verbunden werden. Auch die Füße formt man mit Hilfe von Alufolie entsprechend vor. Anschließend wird diese Grundform nach und nach mit Gipsbinden belegt, bis der Marienkäfer in seiner Grundform vollständig ist.

Nach dem Trocknen des Käfers kann man ihn mit Bastelfarbe bemalen und als Fühler zwei gebogene Drahtstücke verwenden, an deren Ende dekorativ zwei Glasperlen befestigt werden.

Stab- und Finger-puppe „Tiger"

Material
* Alufolie
* Gipsbinden
* Bastelfarbe in Gelb, Braun, Weiß, Grün, Schwarz und Lachsrosa
* Stoffreste in Gelb
* Nähgarn in Gelb
* Holzstab
* Flache Schüssel mit Wasser
* Heißklebepistole

Arbeitsanleitung
Zerteilen Sie ein Stück Alufolie und formen Sie daraus den Tigerkopf. Denken Sie daran, einen Hohlraum für die Finger bzw. den Stab zu lassen. Für die Augen können Sie mit dem Zeigefinger zwei Vertiefungen in die Folie drücken, die Nase drücken Sie dabei leicht nach oben heraus. Auch die Ohren formen Sie aus Alufolie vor. Der Kern für den Tigerkopf ist damit fertiggestellt. Schneiden Sie nun einen Vorrat an Gipsbindenstückchen zu. Legen Sie diesen Vorrat so auf den Arbeitstisch, dass beim Modellieren keine Wassertropfen darauf fallen können. Eine Schale mit Wasser stellen Sie ebenfalls bereit.

Tauchen Sie nun ein Stück Gipsbinde kurz in das Wasser und legen Sie es dann auf den Alufolienkopf. Halten Sie das Gipsgewebe ca. eine Minute fest, bis es angetrocknet ist. Fahren Sie in dieser Weise so lange fort, bis der Kopf rundherum mit einer Schicht Gipsbinden bedeckt ist. Beim Eingipsen der Ohren ist wichtig, dass diese gut mit dem Kopf verbunden werden. Bedecken Sie den Alufolienkern mit insgesamt 3 Lagen Gipsbinden und ach-

ten Sie darauf, dass Sie die Gipsmasse der Gipsbinden besonders im Gesichts- und Ohrenbereich schön glattstreichen. Wenn der Tigerkopf gut durchgetrocknet ist (ca. 2 Tage), können Sie ihn mit der Bastelfarbe bemalen.

Für den Stoffkörper raffen Sie einfach einen farblich passenden Stoffrest an einem Ende zusammen und befestigen ihn mit der Heißklebepistole im Hohlraum des Tigerkopfes. Anschließend führen Sie einen Holzstab ein oder setzen die Figur als Fingerpuppe ein.

Krokodil

Material

- ❖ Draht
- ❖ Klebeband
- ❖ Alufolie
- ❖ Gipsbinden
- ❖ flache Schüssel mit Wasser
- ❖ 2 Wackelaugen aus Plastik
- ❖ Bastelfarbe in Schwarz, Weiß, Rot und Grün

Arbeitsanleitung

Nachdem meine Tochter mir beim Modellieren der Katze und der Schildkröte zugeschaut und das Gipsbindenmaterial mit der Schere zugeschnitten hatte, formte sie dieses Krokodil. Als Vorlage diente ihr ein Plüschtier.

Im Gegensatz zu den bisher beschriebe-

nen Tieren hat das Krokodil keinen glatten Kern aus einem Becher oder einem Karton, sondern nur ein Drahtgestell, das mit Alufolie ausgefüttert wurde.

Anschließend wird diese Grundform dann nach und nach mit Gipsbinden belegt, bis die Krokodilform plastisch hervortritt.

Nach dem Trocknen des Krokodils kann man es mit Bastelfarbe bemalen und mit Wackelaugen (Hobbyfachhandel) die Augenpartie zusätzlich betonen.

Windlichter

Material

❖ 8 cm breite Gipsbinde
❖ flache Schüssel mit Wasser
❖ schmaler Becher oder Glas

Arbeitsanleitung

Für diese dekorativen Windlichter in der Form eines zarten Blütenkelches brauchen Sie eine 8 cm breite Gipsbinde. Die Blütenblätter werden einzeln zugeschnitten und um eine Formhilfe gelegt. Das kann ein Glas oder ein Plastikbecher sein.

Schneiden Sie mindestens 8 Blütenblätter pro Windlicht zu.

Tauchen Sie den unteren Teil des Gipsgewebeblattes kurz in Wasser und legen Sie es über den Boden des Bechers, drücken Sie es fest an. Tauchen Sie nun den unteren Teil des zweiten Gipsgewebeblattes kurz in Wasser und legen Sie es gegenüber dem ersten über den Boden des Bechers. Arbeiten Sie so weiter, bis eine schöne Blütenform entstanden ist.

Beachten Sie bitte, dass immer nur das untere Ende des Gipsgewebes in Wasser getaucht wird. Der größere Teil des Gewebes bleibt trocken.

Wenn der Blütenboden angetrocknet ist, können Sie den Becher ganz leicht herausnehmen.

Blumentopf

Material

- ❖ 1 Plastikeimer, Größe ca. 5 Liter
- ❖ ca. 1 m fingerdicke Kordel
- ❖ Gipsbinden, 8 cm breit
- ❖ Klebstoff
- ❖ Bastelfarbe in Blau und Weiß

Arbeitsanleitung

Befestigen Sie die Kordel an der Eimeröffnung entweder mit einem Klebeband, einem Klebestift oder einer Heißklebepistole. Umwickeln Sie den Eimer außen mit 2 Lagen Gipsbinden.
Nach dem Trocknen streichen Sie zunächst den Eimer weiß an und malen die blauen Zickzacklinien anschließend auf die trockene weiße Farbe.

Blumenkübel

Material

- ❖ 1 Plastikübertopf
- ❖ Gipsbinden, 5 cm breit
- ❖ Bastelfarbe in Weiß, Grün, Gelb und Rot

Arbeitsanleitung

Neben schlichten Flaschen lassen sich auch ganz einfache Blumenübertöpfe aus Plastik je nach Form in dekorative Blumenkübel und Vasen verwandeln. Umwickeln Sie hierfür den Topf ganz einfach mit Gipsbinden. Schneiden Sie anschließend 9 Blütenblätter aus der Gipsbinde aus. Tauchen Sie den unteren Teil des Gipsgewebebandes kurz in Wasser und legen Sie die Blätter dann auf dem Topf in Form. Beachten Sie dabei, dass immer nur ein Teil des Gewebes in Wasser getaucht wird, der größte Teil des Gipsgewebes bleibt trocken. Raffen Sie ein Stück Gipsbinde, legen Sie es kurz in Wasser und anschließend in Falten. Drücken Sie das Gipsgewebe wie abgebildet vorsichtig am Topf an. Nach dem Trocknen streichen Sie Ihre Blumenvase (Sie benötigen bei dieser Verwendung zusätzlich ein Glasgefäß, da das Material nicht wasserdicht ist und sich sonst wieder auflösen würde) weiß an und dekorieren Sie farblich gemäß der Abbildung.

Masken

Material

- ❖ 3 Gipsbinden von 2 m Länge
- ❖ 1 Tube Vaseline
- ❖ 1 Stück Küchenkrepp oder Zellststoff-tuch

Arbeitsanleitung

Das Abnehmen einer Negativ-Form von einem Gesicht ist gar nicht schwierig. Außerdem ist es eine interessante Sache, wenn Sie vom Gesicht Ihres Kindes eine Gipsmaske anfertigen. Man hat mit dieser Darstellung eine bleibende Erinnerung geschaffen, kein Foto ist so aussagekräftig. Allerdings sollte das Kind mindestens 10 Jahre alt sein; denn es muß ca. 20 Minuten ruhig sitzen und darf in dieser Zeit nicht lachen und auch das Gesicht nicht verziehen. Für ein Kind ist das gar nicht so einfach!

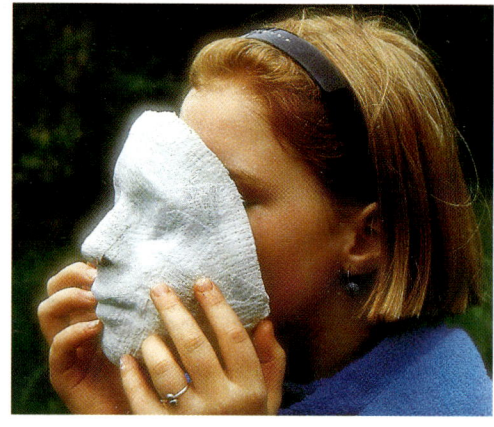

1. Vorbereiten des Gesichtes

Die Haare des Modells werden am besten mit einem breiten, elastischen Haarband zurückgenommen. Auf Gesicht und Hals wird eine dicke Schicht Vaseline aufgetragen, hier dürfen die Augenbrauen nicht vergessen werden. Starke Augenbrauen kann man mit einem in Form

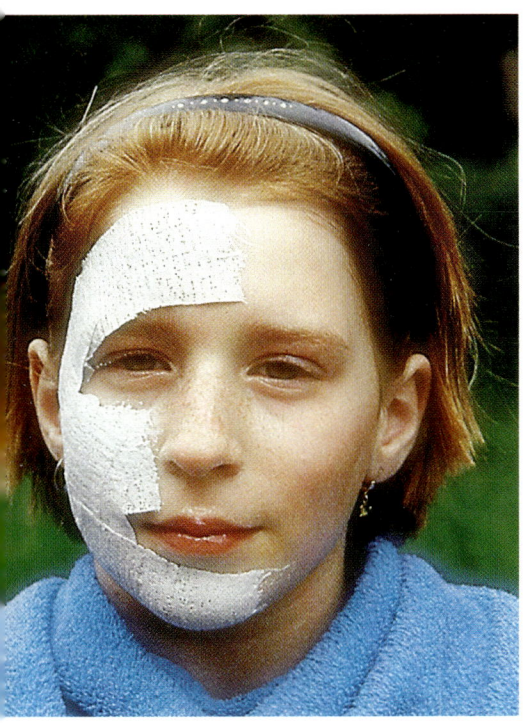

Sie mit dem Auftragen der Gipsbinden beginnen.

Tauchen Sie ein ca. 8 cm langes Gewebestück in das lauwarme Wasser, streifen Sie überschüssiges Wasser am Schüsselrand ab.

Tragen Sie die Gewebestücke nach und nach zuerst auf Stirn und Wangen auf (achten Sie darauf, dass kein Gips in den Haaransatz kommt), streichen Sie den Gipsbrei dabei sorgfältig in das Gewebe ein, sodass hinterher eine möglichst glatte Oberfläche entsteht. Die einzelnen Gewebestückchen sollen sich gut überlappen und doch glatt aufliegen.

Arbeiten Sie von der Stirn- über die Wangen- bis hin zur Kinnpartie. Bedecken Sie nun den Nasenrücken mit einem längeren Stück.

geschnittenen nassen Zellstofftuch abdecken (kleine Bärte kann man ebenso mit einem Zellstofftuch abdecken).

Zum Abdecken der Augen nimmt man weiches Papier und schneidet daraus zwei Ovale, die die geschlossenen Augen mit den Wimpern gut abdecken.

2. Vorbereiten der Gipsbinde
Schneiden Sie verschieden lange Streifen in ausreichender Zahl von der Gipsbinde ab und legen Sie diese sortiert auf den Arbeitstisch, stellen Sie eine Schüssel mit lauwarmem Wasser bereit.
Die zugeschnittenen Papiere zum Abdecken der Augen und evtl. der Augenbrauen sollten auch bereit liegen.

3. Auflegen der Gipsbinden
Wenn das Modell bequem sitzt und alle Vorbereitungen getroffen sind, können

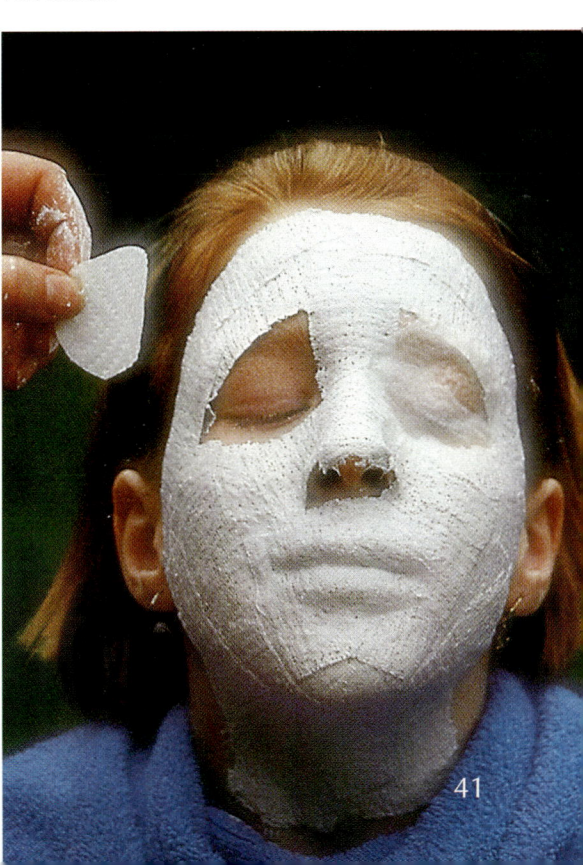

41

Der Mund, der jetzt nicht mehr bewegt werden darf, wird auch mit einem größeren Stück abgedeckt. Streichen Sie dabei mit dem Finger die Mittellinie des Mundes nach, sodass die Lippen sich gut abformen.

Bedecken Sie nun die Augen mit den angefeuchteten Zellstoffovalen und decken Sie sie mit genügend großen Gipsbinden-stücken ab. Drücken Sie das Gewebe leicht und vorsichtig an, dass sich die Augenwinkel gut abzeichnen.

Mit kleinen Stücken belegen Sie nun die Nasenflügel und die untere Nasenpartie. Die Nasenlöcher müssen frei bleiben. Bedecken Sie nun noch die Ränder der Gipsmaske mit einer zweiten Schicht, damit wird die Maske stabiler.

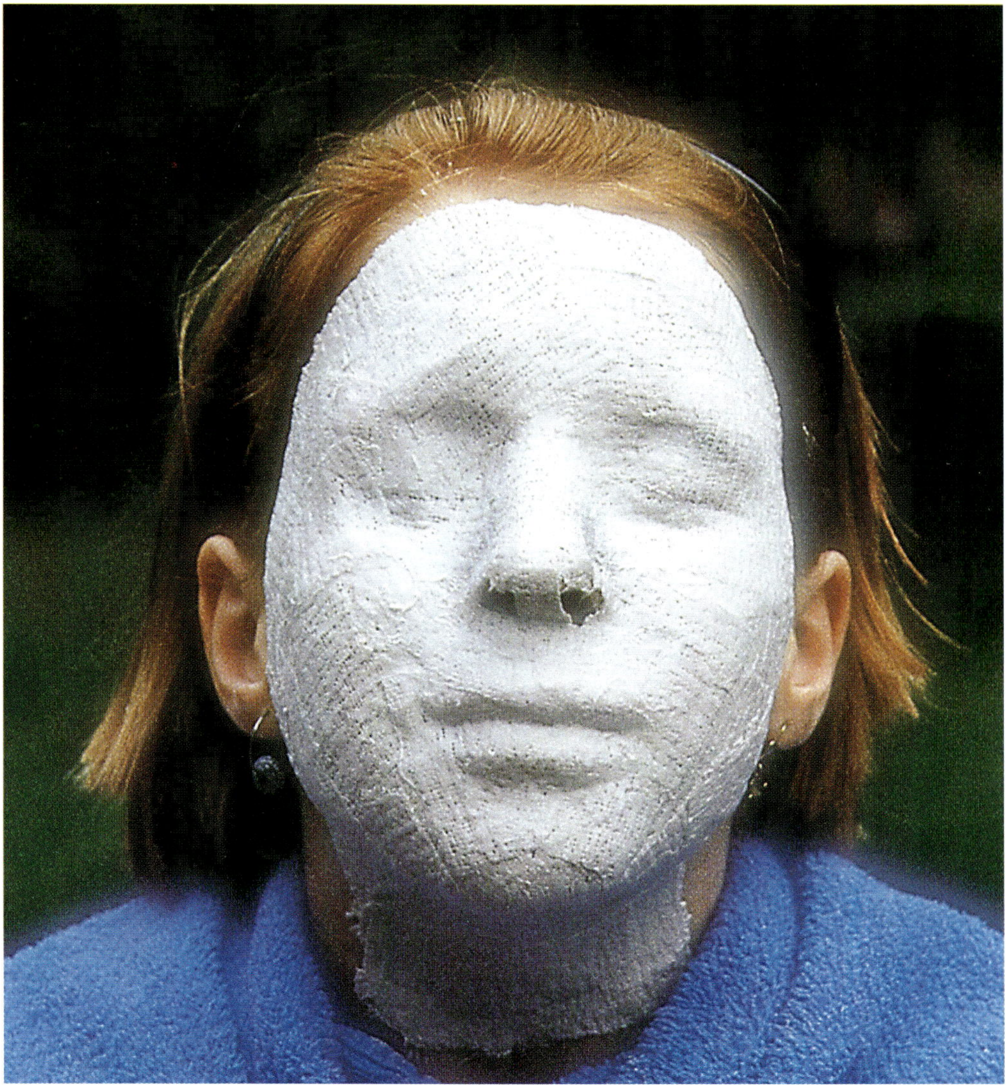

Bereits nach 5 bis 10 Minuten hat der Gips soweit abgebunden, dass die Maske selbst von dem Modell abgenommen werden kann.

Dazu bewegt das Modell zunächst vorsichtig die Gesichtsmuskeln, die Maske lockert sich dabei und lässt sich einfach abnehmen.

Anmerkung:
Natürlich ist die Oberfläche nicht glatt und das Gewebe scheint durch. Wenn Sie das als störend empfinden, können Sie eine Gipsmasse anrühren und diese entweder mit dem Borstenpinsel oder mit den Fingern auf die Maske auftragen und glattstreichen.

Schäfer

Material

❖ leere Verpackungen aus Plastik
❖ Joghurbecher klein und groß
❖ Alufolie
❖ Gipsbinden in der Breite von 8 cm
❖ ein kurzes Stück Draht
❖ Bastelfarbe in Weiß

Arbeitsanleitung

Der Kern des Schäfers besteht aus einer leeren Plastikflasche und einem weichen Plastikbecher (Joghurtbecher oder Becher, in denen auf Märkten Getränke eingefüllt werden). Sein Kopf besteht in der Grundform ebenfalls aus einem kleinen leeren Joghurtbecher, der mit Alufolie gefüllt ist.

Schneiden Sie genügend Gipsbinden-stücke in verschiedenen Längen zu. Montieren Sie als erstes das Gerüst für den Schäfer. Schneiden Sie den Boden des großen weichen Bechers ab und stülpen Sie den Becher über die Plastik-flasche, und zwar so, dass der obere Be-cherrand mit dem Boden der Plastikfla-sche deckungsgleich ist. Kleben Sie den mit Alufolie gefüllten kleinen Becher mit Klebeband auf das obere Ende der Plas-tikflasche. Für die Arme formen Sie aus Alufolie zwei gleichlange Rollen, deren Enden etwas abgeschrägt werden. Kle-ben Sie die Rollen mit den abgeschräg-ten Enden nach oben an die Plastikfla-sche. Aus einem Stück Draht biegen Sie den Stab für den Schäfer und kleben die-sen ebenfalls mit Klebeband in die richti-ge Position.

Das Gerüst ist nun fertig.

Tauchen Sie ein Stück Gipsbinde in der Größe von ca. 8 x 8 cm ins Wasser und bedecken Sie damit den Kopf des Schä-fers. Halten Sie die Gipsbinde an der Halsrundung so lange fest, bis sie etwas angetrocknet ist (ca. 2 Minuten). Danach bedecken Sie das Gerüst mit 2 Lagen Gipsbinden, arbeiten die Arme gut heraus und formen aus einem kleinen Stück Gipsbinde, das Sie zur Kugel dre-hen, die Hände. Drücken Sie diese an die Arme und verbinden Sie mit einem weiteren Stück Gipsbinde Arme und Hände miteinander.

Für den Umhang benötigen Sie ein 12 cm langes Stück Gipsbinde, dieses wird nur ganz kurz in Wasser getaucht, am Hals in Falten gelegt und ange-drückt. Ziehen Sie das herunterhängen-de Gipsgewebe so, dass es frei hängt und nicht am Körper anliegt. Halten Sie es etwa 2 Minuten so, bis es leicht an-getrocknet ist.

Für den Hut schneiden Sie aus dem Gipsgewebe einen Kreis von ca. 9 cm Durchmesser, tauchen ihn ebenfalls nur sehr kurz ins Wasser und drapieren ihn auf die Kopfmitte.

Der Schäfer wurde nur mit weißer Bas-telfarbe angemalt, aber auch in erdigen Farbtönen sieht er gut aus.

Schafe

Material für ein Schaf

* Kern einer Toilettenpapierrolle
* etwas Alufolie
* Gipsbinden, 5 cm breit
* Gipspulver
* Wasser
* Becher zum Anrühren des Gipses
* 1 Esslöffel
* 1 Gabel
* Bastelfarbe in Weiß

Arbeitsanleitung

Für die Schafe wurden auf dem Gerüst eines Kerns einer Toilettenpapierrolle und eines Kopfes aus Alufolie ebenfalls Gipsbinden aufmodelliert. Die schöne Fellstruktur erzielt man durch zusätzliches Auftragen von flüssigem Gips. Schneiden Sie genügend Gipsbindenstücke in den Längen von 2-8 cm zu. Formen Sie den Schafskopf aus Alufolie, länglich und dreieckig und kleben Sie diesen auf die Papprolle.

Modellieren Sie die Gipsbinden auf die Unterlage. Geben Sie 6 Esslöffel Wasser in den Becher und rühren Sie 9 gestrichene Esslöffel Gipspulver hinein. Wenn der Gips beginnt abzubinden – etwa nach 3 bis 5 Minuten – tragen Sie die Gipsmasse schnell mit der Hand auf den Schafskörper. Mit einer Gabel zeichnen Sie die Fellstruktur ein.

Streichen Sie das Schaf abschließend mit weißer Bastelfarbe an.

Leuchtturm

Material
- ❖ Pappkern einer Küchenrolle
- ❖ Deckelverschluss, Durchmesser etwa 6 cm (z.B. von Fruchtsaftflaschen mit breiter Öffnung – Granini)
- ❖ ein kleiner leerer Joghurtbecher
- ❖ Alufolie
- ❖ Klebeband
- ❖ Gipsbinden
- ❖ Bastelfarbe in Weiß, Rot und Schwarz

Arbeitsanleitung
Der Leuchtturm – aufmodelliert auf dem Pappkern einer Küchenkrepprolle – wirkt erst durch die Bemalung. Zusammen mit der Windmühle lässt sich leicht eine Küstenlandschaft arrangieren.

Bauen Sie aus den angegebenen Materialien das Gerüst für den Leuchtturm zusammen und umwickeln Sie es mit Alufolie. Schneiden Sie die Gipsbinden auf eine Länge von 2 bis 8 cm, tauchen Sie das Gipsgewebe kurz in Wasser und modellieren Sie es auf das Gerüst des Leuchtturms. Achten Sie bei den einzelnen Gerüstteilen auf eine gute Verbindung.

Nach dem Durchtrocknen bemalen Sie den Leuchtturm mit Bastelfarben.

Windmühle

Material
- ❖ 1 leerer breiter Joghurtbecher
- ❖ 1 Schraubdeckelverschluss von einer Wasserflasche aus Leichtmetall
- ❖ 2 Stücke Draht, jeweils 30 cm lang
- ❖ 1 Drahtstück, 6 cm lang
- ❖ Gipsbinden
- ❖ Bastelfarbe in Weiß und Blau

Arbeitsanleitung

Biegen Sie den Draht zu Mühlenflügeln zurecht.

Schneiden Sie die Gipsbinden in unterschiedlich lange Stücke zu und tragen Sie zuerst eine Lage Gipsbinden auf den Joghurtbecher.

Bevor Sie die Mühlenflügel mit Gipsgewebe belegen, überprüfen Sie erst, ob die Flügel zur Höhe der Mühle passen. Je nachdem, welche Bechergröße Sie verwandt haben, könnten die Mühlenflügel zu groß oder zu klein sein. Gefallen Ihnen die Proportionen, belegen Sie die Mühlenflügel mit Gipsgewebe.

Legen Sie die Mühlenflügel entsprechend übereinander und knoten Sie um den Mittelpunkt den kurzen Drahtabschnitt. Bohren Sie nun den kurzen Draht in den Schraubverschluss (der Draht lässt sich leicht in das Leichtmetall hineinbohren). Belegen Sie den Schraubverschluss mit Gipsgewebe. Bringen Sie das Gewebe auch von innen auf, damit der Befestigungsdraht gut hält.

Stellen Sie nun den Schraubverschluss oben auf die Mühle und befestigen Sie ihn mit einem Stück Gipsgewebe. Halten Sie den Verschluss fest, bis der Gips angetrocknet ist. Bedecken Sie das komplette Gerüst mit einer zweiten Schicht.

Bemalen Sie die Mühle mit weißer Bastelfarbe.

Obst

Zitronen, Apfel, Banane und Birne enthalten einen Kern aus Alufolie. Die Blätter des Apfels, der Birne und der Ananas wurden aus dünnem Draht geformt.

Ananas mit zwei Lagen Gipsbinden. Geben Sie 10 Esslöffel Wasser in einen Gipsanrührbecher und danach 15 gestrichene Esslöffel Gips darauf. Vermischen Sie den Gipsbrei gut und tragen Sie ihn

Ananas

Material
❖ Küchenkrepp
❖ Alufolie
❖ Draht
❖ Gipsbinden
❖ Gips
❖ Becher zum Anrühren
❖ Esslöffel
❖ Bastelfarbe in Orange und Grün

Arbeitsanleitung
Formen Sie den Kern aus Küchenkrepp und Alufolie, die Blätter aus Draht. Belegen Sie zuerst die Blätter mit Gipsgewebe und stecken Sie diese oben in die Ananas. Bedecken Sie nun die ganze

nach ca. 5 Minuten, wenn er etwas ange-
zogen hat, auf die Ananas. Mit dem Löffelende ziehen Sie nun diagonale Linien
durch den Gips, sodass die typische
Fruchtstruktur entsteht. Mit einem kleinen
Spachtel, einem Löffel oder dem Ess-
löffelende geben Sie nun in jede Raute
einen winzigen Klecks Gips.
Bemalen Sie die Frucht abschließend mit
Bastelfarbe.

Zitronen

Material
❖ Alufolie
❖ Gipsbinden
❖ Bastelfarbe in Gelb, Weiß, Hellbraun

Arbeitsanleitung
Formen Sie die Frucht aus Alufolie. Modellieren Sie nun das Gipsgewebe, das Sie wie gewohnt in verschieden große Stücke schneiden, auf den Folienkarton. Legen Sie solange Gipsgewebe auf, bis die typische Fruchtform entstanden ist. Nach dem Trocknen bemalen Sie die Frucht abschließend mit Bastelfarbe. Bei der halbierten Frucht malen Sie das Fruchtfleisch gleichfalls mit Bastelfarbe auf.

Apfel

Material
❖ Papier/Küchenkrepp
❖ Alufolie
❖ Draht
❖ Gipsbinden
❖ Bastelfarbe in Rot, Grün, Schwarz und Braun

Arbeitsanleitung
Formen Sie die Apfelform aus Papier und Alufolie vor, indem Sie eine Papierkugel mit Alufolie umwickeln. Modellieren Sie anschließend das Gipsgewebe um den Folienkern und modellieren Sie die endgültige Apfelform heraus.
Formen Sie aus dünnem Draht Blätter, belegen Sie diese mit Gipsstückchen und befestigen Sie sie mit Draht an der Frucht.
Nach dem Durchtrocknen der Form bemalen Sie die Frucht abschließend mit Bastelfarbe

Birne

Material
- ❖ Papier/Küchenkrepp
- ❖ Alufolie
- ❖ Draht
- ❖ Gipsbinden
- ❖ Bastelfarbe in Hell- und Dunkelgrün, Braun und Schwarz

Arbeitsanleitung
Formen Sie den Kern der Birne aus Küchenkrepp und Alufolie und die Blätter aus Draht. Belegen Sie nun den Folienkern und die Drahtblätter mit Gipsgewebe, bis Sie mit der Fruchtform zufrieden sind. Nach dem Trocknen der Frucht verleihen Sie ihr mit Bastelfarbe einen leuchtend grünen Anstrich.

Banane

Material
- ❖ Alufolie
- ❖ Gipsbinden
- ❖ Bastelfarbe in Gelb und Braun

Arbeitsanleitung
Formen Sie die Bananenfrucht aus Alufolie vor und belegen Sie den Folienkern anschließend mit Gipsgewebe. Tragen Sie die Gipsstückchen solange auf, bis Sie die Fruchtform entsprechend nachempfunden haben. Nach dem Trocknen erhält die Frucht noch einen dekorativen Anstrich mit Bastelfarbe.

Erdbeere

Material
- ❖ Alufolie
- ❖ Draht
- ❖ Gipsbinden
- ❖ Bastelfarbe in Rot, Braun und Grün

Arbeitsanleitung
Formen Sie die Erdbeeren aus Alufolie in der Grundform vor und belegen Sie den Folienkern anschließend mit Gipsgewebe. Die Blätter formen Sie aus dünnem Draht. Belegen Sie diese Drahtblätter ebenfalls mit Gipsbindenstückchen und befestigen Sie sie mit Draht in der Frucht. Nach dem Trocknen erhält die Erdbeere ihre typische Fruchtstruktur mit kleinen braunen Farbsprenkeln.

Sonnenblume

Arbeitsanleitung

Bohren Sie mit einem spitzen
Dorn oder einem Vorbohrer
ein kleines Loch in die Mitte
des Plastik-Schraubdeckelverschlusses, stecken
Sie die 3 Drähte für den Stiel hindurch und biegen
Sie die nun innen liegenden Drahtenden kurz um.
Bohren Sie mit einem spitzen Dorn oder einem Vor-
bohrer ein kleines Loch in die Mitte des kleineren Plas-
tik-Schraubdeckelverschlusses, stecken Sie die 3 obe-
ren Drahtenden ein und biegen Sie sie um.
Für die Blütenblätter benötigen Sie 7 bis 8
Drahtstücke von ca. 16 cm Länge. Formen
Sie daraus einzelne Blütenblätter und kleben
Sie diese mit Klebeband um die Blütenmitte.
Aus Alufolie formen Sie nun die Wölbung für
die Blütenmitte und befestigen diese auf dem
Schraubdeckelverschluss.
Schneiden Sie die Gipsbinde in verschieden große
Stücke und modellieren Sie das Gipsgewebe auf das Blu-
mengerüst.
Durch eine naturgetreue Farbgebung in den Tönen Gelb,
Grün und Braun wird die Blume „zum Leben erweckt".

Spiegelrahmen und Tischlampe

Der Spiegelrahmen und die Tischlampe wirken durch die zarte Bemalung der Muscheln in pudrigen Farben besonders stimmungsvoll.

Der Rahmen kann auch ein Bild oder eine Collage sehr wirkungsvoll einrahmen; aber auch als Kranz allein kann er Urlaubserinnerungen an das Meer wecken.

Material Spiegelrahmen

❖ 1 Styroporkranz (auf der Rückseite flach)
❖ Gipsbinden
❖ Eiswürfelmuschelform
❖ Gipspulver
❖ Becher zum Anrühren
❖ Spiegel
❖ doppelseitiges Klebeband
❖ Aufhänger
❖ Zwei-Komponenten-Kleber
❖ Bastelfarbe in verschiedenen Farbtönen

Arbeitsanleitung

Gießen Sie die Eiswürfelform mit flüssigem Gips gemäß der Anleitung „Dekorative Meeresfrüchte" aus. Fertigen Sie soviele Muscheln an, wie Sie für Ihren Spiegelrahmen benötigen. Möchten Sie die Lampe auch noch arbeiten, so behalten Sie eine Muschel für die Lampe zurück.

Belegen Sie den Styroporkranz mit zwei Lagen Gipsgewebe. Be-

festigen Sie die noch feuchten Muscheln mit frisch angerührtem flüssigen Gips. Halten Sie sie etwa 2 bis 3 Minuten fest, bis sie leicht angetrocknet sind. Tragen Sie nun auf die Zwischenräume Gipsgewebe auf, das Sie leicht rüschen oder vorsichtig zusammenschieben.

Erst wenn der Rahmen ganz durchgetrocknet ist, können Sie ihn mit Bastelfarben bemalen. Möchten Sie auch so einen pudrigen Farbeffekt auf den Muscheln erzielen, so mischen Sie viel weiße Farbe in Ihre Farbtöne.

Kleben Sie den Spiegel mit doppelseitigem Klebeband oder Zwei-Komponenten-Kleber auf den Rahmen. Den Aufhänger kleben Sie ebenfalls mit Zwei-Komponenten-Kleber fest.

Material Tischlampe

- ❖ kleine bauchige Flasche
- ❖ ein Tischlampenanschluss mit Fassung
- ❖ Kabel
- ❖ Stecker
- ❖ Befestigungswinde für festen Sitz am Lampenfuß
- ❖ Schirmring
- ❖ doppelseitiges Klebeband
- ❖ starke Plastikfolie oder Lampenschirmfolie
- ❖ Gipsbinden
- ❖ Eiswürfelmuschelform
- ❖ Gipspulver
- ❖ Becher zum Anrühren

Arbeitsanleitung

Der Durchmesser des hier gezeigten Lampenschirmes beträgt 18 cm. Aus einem Kreis mit 40 cm Durchmesser wurde ein Viertel herausgeschnitten und als Schablone für den Lampenschirm verwandt.

Die Größe der Schablone richtet sich allerdings ganz nach der Größe Ihres Lampenschirmringes. Hat Ihr Lampenschirmring einen anderen Durchmesser, so fertigen Sie erst einmal eine Schablone für den Lampenschirm aus Zeitungs-

papier. Legen Sie es um den Ring herum und falten und schneiden Sie so lange, bis Sie die richtige Form gefunden haben.

Aus fester Folie oder spezieller Lampenschirmfolie schneiden Sie dann den Lampenschirm aus. Kleben Sie die Folie mit doppelseitigem Klebeband, welches Sie zuerst um den Ring kleben, am Ring fest.

Modellieren Sie nun zwei Lagen Gipsbinden auf die Flasche.

Zum bequemeren Arbeiten stecken Sie den Lampenanschluss auf die Flasche und den Ring mit dem Lampenschirm darauf. Nun belegen Sie auch den Schirm mit zwei Lagen Gipsgewebe. Der Schirm ist ganz glatt, bis auf ein dünnes Röllchen Gipsgewebe, das diagonal um eine Schirmhälfte läuft.

Kleben Sie nun eine Gipsmuschel mit flüssigem Gips auf den Lampenfuß.

Malen Sie die Lampe mit weißer Farbe an und geben Sie der Muschel sowie dem Gipsröllchen am Schirm eine andere Farbe.

Vase

Material
- ❖ 1 leere Weinflasche
- ❖ Gipsbinden, 5 cm breit
- ❖ Bastelfarbe in Weiß

Arbeitsanleitung
Schlichte Flaschen können mit Gipsbinden zu einem edlen Dekorationsgegenstand avancieren.

Umwickeln Sie die Flasche mit zwei Lagen Gipsbinden. Legen Sie ein etwa 40 cm langes Stück Gipsbinde in Falten und Wellen und befestigen Sie es am oberen Flaschenrand durch leichtes Andrücken. Drücken Sie die Falten ebenfalls vorsichtig an der Flasche an.

Nach dem völligen Trocknen streichen Sie alles weiß an.

Sandreliefs

In Kapitel 1 wurde gezeigt, wie man Formen aus Metall oder Plastik ausgießt. Eine interessante und zudem noch kinderleichte Abwandlung dazu ist das Ausgießen einer Form, die man aus Sand selber herstellt. Dazu kann man Mauersand aus der Baustoffhandlung verwenden; neuerdings wird in Baumärkten sogenannter Spielsand in 10-kg- und 25-kg-

Säcken für Sandkästen angeboten. Man benötigt nur sehr wenig Sand und kann ihn immer wieder verwenden. Außerdem braucht man noch einen Behälter, das können eine flache Schale, eine Pappschachtel, runde oder eckige Plastikbehälter sein, die oben weit geöffnet sind.

Sandrelief „Huhn"

Material
❖ 1 flache Schale mit Rand, ca. 18 cm Durchmesser
❖ ca. 3 Tassen Sand
❖ 1 Huhn aus Keramik, das kann natürlich auch jedes andere Tier sein
❖ kurze Astabschnitte
❖ Gips
❖ Becher zum Anrühren
❖ Wasser

Arbeitsanleitung
Füllen Sie so viel von dem feuchten Sand in die Schale, dass sie zu drei Viertel gefüllt ist. Glätten Sie die Sandoberfläche.

Die Sandoberfläche muss feucht sein, es darf jedoch zu keiner Wasserbildung an der Oberfläche kommen.

59

einrutschen, so tut das dem späteren Ergebnis keinen Abbruch.

Geben Sie nun 1 Tasse Wasser in den Anrührbecher und 1 1/2 Tassen Gipspulver dazu. Rühren Sie den Gipsbrei an und füllen Sie ihn sofort langsam in die Schale.

Nehmen Sie nun das Keramikhuhn und drücken Sie es in die Sandmitte, sodass eine Hälfte des Huhns im Sand liegt. Drücken Sie die Astabschnitte ebenfalls in den Sand.

Nach ca. 10-12 Minuten bohren Sie mit einem Zahnstocher oder einem dieser Astabschnitte ein Loch zum Aufhängen in den Gips.

Nehmen Sie nun das Huhn und die Ästchen langsam und vorsichtig wieder aus dem Sand heraus. Der entstandene Abdruck sollte klar zu erkennen sein. Wenn einige Sandkrümel in die Vertiefung hin-

Nach ungefähr einer Stunde ist der Gips fest und Sie können das Relief entnehmen. Entfernen Sie mit den Händen den gröbsten Sand.

In einem Eimer mit Wasser können Sie schließlich den restlichen Sand abwaschen. Ihr erstes Sandrelief ist fertig.

Sandrelief „Pinguin"

Material

- ❖ 1 flache rechteckige Schale mit Rand, z.B. Lasagneform
- ❖ ca. 4 Tassen Sand
- ❖ 1 Pinguinspielzeugfigur in verschiedenen Größen
- ❖ mehrere kleine Kästchen oder rechteckige Bauklötze
- ❖ Gips
- ❖ Becher zum Anrühren
- ❖ Wasser

Arbeitsanleitung

Das Sandrelief mit dem Pinguinmotiv arbeiten Sie in derselben Weise wie das Sandrelief „Huhn". Die Pinguine stehen auf Eisschollen, die durch Eindrücken von Bauklötzen und kleinen Kästchen entstehen.

Füllen Sie so viel von dem feuchten Sand in die rechteckige Schale, dass sie zu drei Viertel gefüllt ist. Glätten Sie die Sandoberfläche. Die Sandoberfläche muss feucht sein, es darf jedoch zu keiner Wasserbildung an der Oberfläche kommen.

Drücken Sie nun die Bauklötze oder Kästchen verschieden tief in den Sand und lassen Sie sie darin stecken.

Drücken Sie nun die Pinguine in den feuchten Sand. Nehmen Sie die Figuren vorsichtig heraus.

Rühren Sie 2 Tassen Wasser mit 5 Tassen Gips an und gießen Sie den Gipsbrei vorsichtig auf den Sand.

Nach ca. 10 Minuten bohren Sie mit einem Zahnstocher für die Aufhängung rechts und links oben zwei kleine Löcher in den Gipsbrei.

Nach ca. 2-3 Stunden können Sie das Relief der Form entnehmen und säubern.

Sandrelief „Muscheln"

Auch das Sandrelief „Muscheln" wird wie das Sandrelief „Huhn" angefertigt, der Unterschied ist hier nur, dass die Formen, die den Abdruck ergeben, nicht herausgenommen werden, sondern im Sand bleiben und somit in den Gips miteingegossen werden.